AF312799

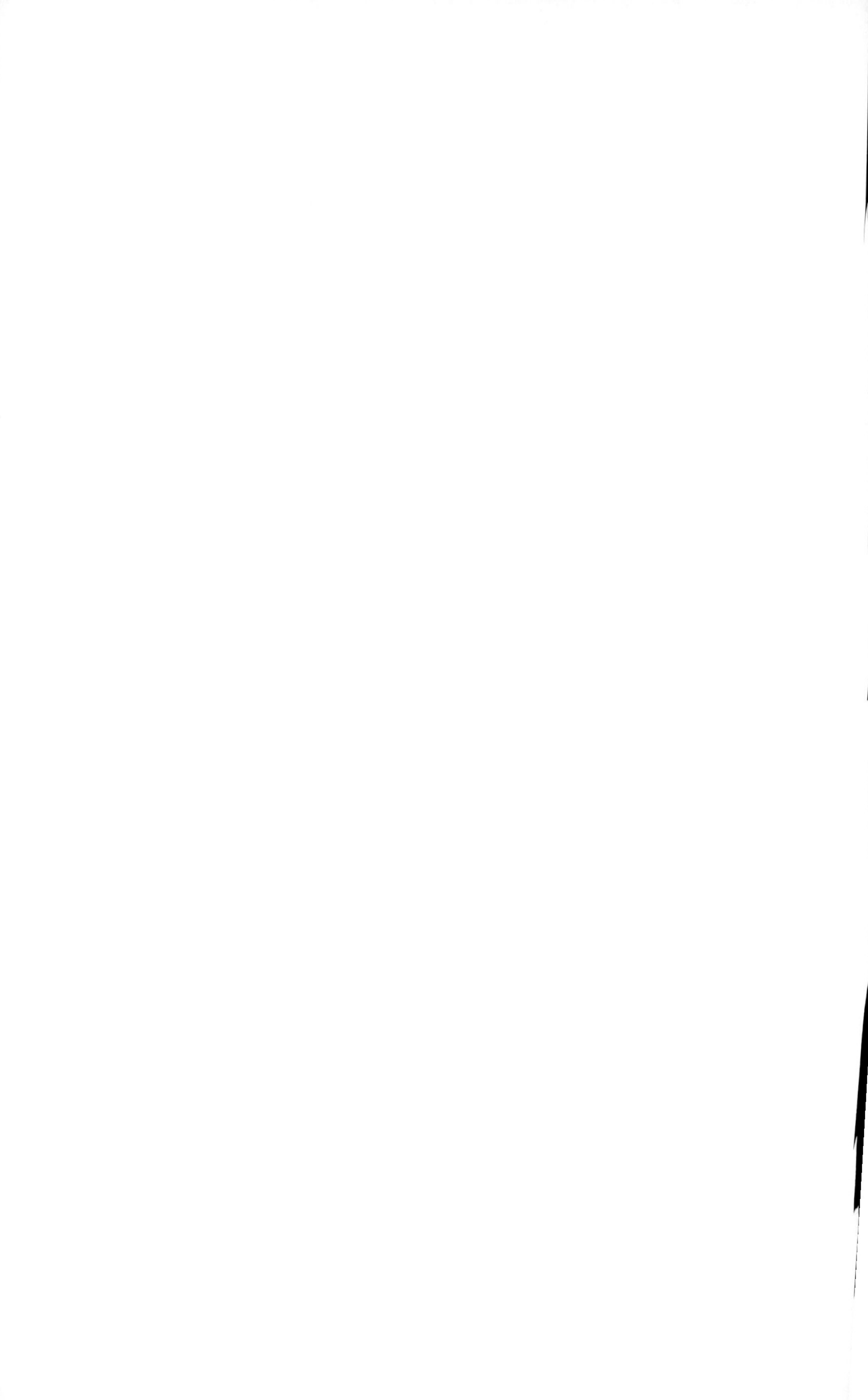

VENTE

DE LA

COLLECTION BOUDIN-MARTINEAU

---

31 TABLEAUX

ET

SIX AQUARELLES

PAR

Eugène BOUDIN

COMMISSAIRE-PRISEUR
Me LÉON TUAL
56, rue de la Victoire

EXPERT
M. B. LASQUIN
12, rue Laffitte

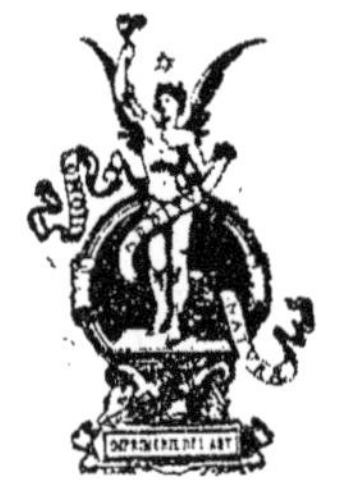

CATALOGUE

DE

31 TABLEAUX

ET

SIX AQUARELLES

PAR

Eugène BOUDIN

ET AUTRES ŒUVRES PAR DIVERS ARTISTES

Composant la

Collection BOUDIN=MARTINEAU

ET DONT LA VENTE AURA LIEU

HOTEL DROUOT, SALLE N° 10

Le Vendredi 18 Mai 1900

à trois heures et demie

COMMISSAIRE=PRISEUR	EXPERT
Mᵉ LÉON TUAL	**M . B . LASQUIN**
56, rue de la Victoire	12, rue Laffitte

EXPOSITIONS

Particulière : Le Mercredi 16 Mai 1900, de 1 h. 1/2 à 5 h. 1/2.
Publique : Le Jeudi 17 Mai 1900, de 1 h. 1/2 à 5 h. 1/2.

Le présent Catalogue
servira de Carte d'entrée à l'Exposition particulière.

CONDITIONS DE LA VENTE

La vente sera faite au comptant.

Les acquéreurs paieront *cinq pour cent* en sus des prix d'adjudication.

L'exposition mettant le public à même de se rendre compte de l'état et de la nature des objets, aucune réclamation ne sera admise une fois l'adjudication prononcée.

Paris. Imprimerie de l'Art, E. Moreau et Cie, 41, rue de la Victoire

La vente de la collection que nous avons l'honneur de présenter au public fera époque pour les admirateurs du talent d'Eugène Boudin.

Formée par un amateur de même nom que l'artiste, mais nullement parent, qui s'était épris de l'œuvre de son homonyme et qui devint bientôt son ami, cette collection a été choisie tout entière, depuis de longue années, dans l'atelier même du maitre, avec le discernement et la sage patience d'un homme de goût, à l'exclusion de toute idée spéculative, puisqu'il est mort sans avoir jamais cédé un tableau.

Aussi, les amateurs seront-ils heureux de trouver, dans cette collection, des spécimens variés du talent d'Eugène Boudin aux différentes époques de sa carrière artistique.

Ils y rencontreront depuis les plages de Trouville, si vivantes, et les vues du Hâvre et de Hollande, si caractéristiques au point de vue de l'exactitude du dessin et surtout de l'admirable lumière qu'il savait si bien répandre dans ses ciels si délicats, jusqu'à ses pâturages de la vallée de la Toucques, où il se fit remarquer comme paysagiste et animalier.

Si toutes les peintures de cette collection ne sont pas de première importance par leurs dimensions, toutes sont de qualité remarquable, toutes elles ont cette note personnelle qui fait qu'Eugène Boudin est un maître, et qui justifie le choix qu'en a fait son admirateur et ami.

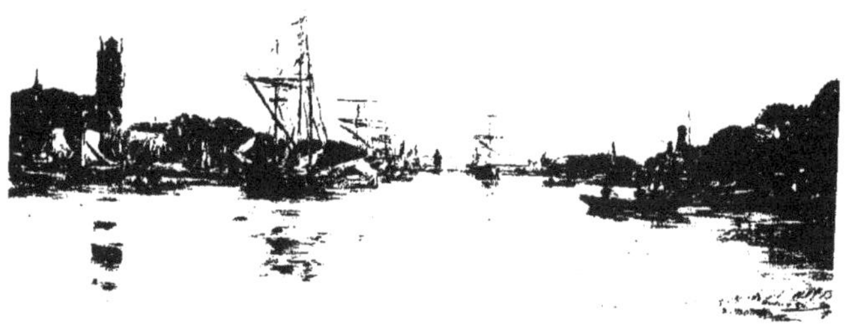

1

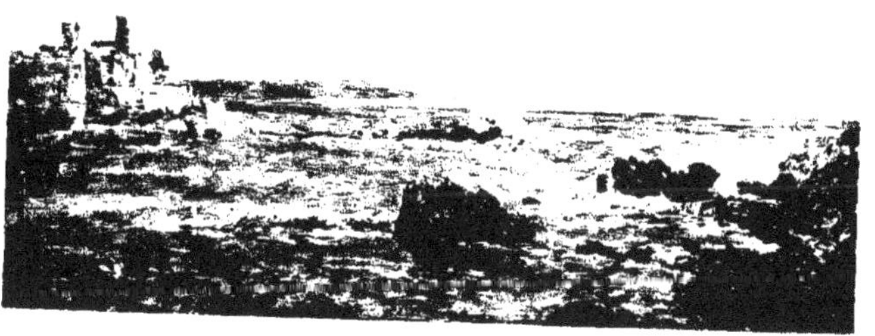

2

Phototypie Berthaud. Paris.

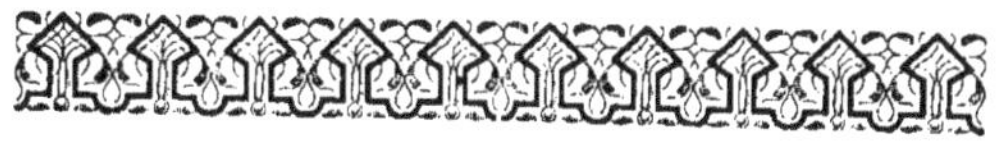

DÉSIGNATION

TABLEAUX
PAR

Eugène BOUDIN

500. **1 — *La Meuse à Dordrecht.***

La vue est prise de Swandrecht en amont de la
ville du milieu de la rivière qui baigne tout le
premier plan; à gauche, une file de navires à
voiles et la tour de la cathédrale; à droite, de
grands arbres et des moulins à vent; au fond, le
pont du chemin de fer.

Signé à droite, daté 84.

Toile. Haut., 46 cent.; larg., 65 cent.

800 **2 — *Les Brisants à Antibes.***

Les vagues viennent se heurter contre les rochers
et forment des sillons d'écume; à gauche, se
dresse le fort; de légers nuages blancs parcourent
le ciel.

Œuvre d'un brillant coloris.

Signé à droite, daté 97.

Toile. Haut., 46 cent.; larg., 65 cent.

3 — *Bords de la Meuse.*

La Meuse serpente au milieu d'un paysage ver-
doyant et vient s'étendre vers la gauche. De vigoureux nuages se réfléchissent dans le fleuve ainsi
que les arbres plantés sur les rives.

Paysage d'un grand effet.

Signé à droite, daté 80.

Toile. Haut., 50 cent.; larg., 75 cent.

4 — *La Moulière à Villerville.*

La mer s'est retirée laissant les bancs de roches
à découvert où çà et là des pêcheuses cherchent
des moules. Un magnifique soleil couchant, à
demi-caché par des nuages, éclaire encore
l'horizon.

Signé à gauche et daté octobre 93.

Toile. Haut., 56 cent.; larg., 90 cent.

5 — *Coin de bassin du canal à Rotterdam.*

Deux moulins à vent dominent les maisons aux
tuiles rouges bordant le canal où stationnent des
chalands.

Vigoureux coloris.

Signé à gauche et daté 79.

Toile. Haut., 31 cent.; larg., 46 cent.

6 — *Dordrecht.*

La vue est prise de Tapendrecht, de nombreux
chalands occupent le milieu du fleuve. A gauche,
les maisons de la ville et des navires amarrés près
des quais. Tableau d'une admirable transparence
et de la plus belle exécution du maître.

Signé à droite et daté 84.

Toile. Haut., 46 cent.; larg., 65 cent.

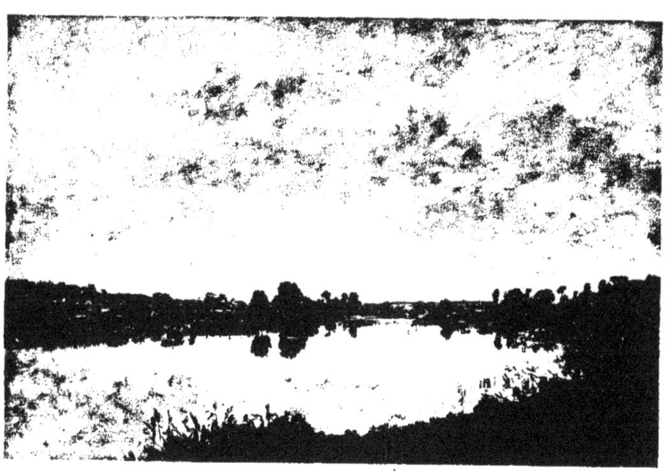

3

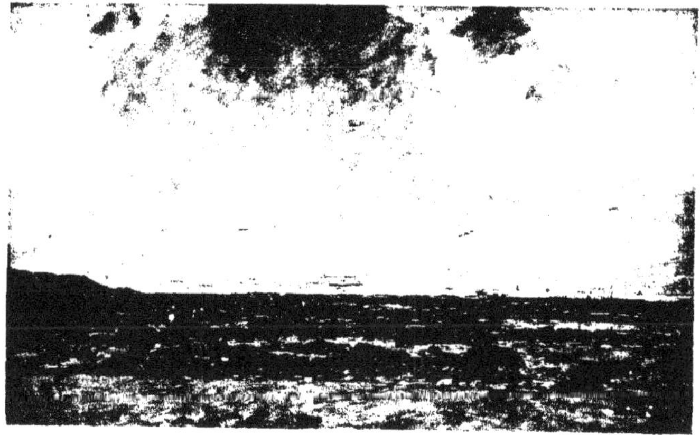

Phototypie Berthaud Paris

4

2150

7 — *Le Pont de Deauville.*

La vue est prise en aval du pont, plusieurs barques, dont une peinte en rouge, sont échouées sur la rive, ciel gris très fin.

Signé à droite, daté 76.

Haut., 32 cent.;larg., 46 cent.

2550

8 — *Grand bassin du Havre.*

Les navires sont amarrés aux quais, à droite et à gauche. Au fond, le dôme de la Chambre de Commerce.

Signé à gauche et daté 84.

Bois. Haut., 32 cent.; larg., 41 cent.

800

9 — *Entrée du port du Havre.*

Signé à gauche et daté 84.

Toile. Haut., 32 cent.; larg., 41 cent.

1100

10 — *L'Église de Quillebeuf ; clair de lune.*

Le clocher de l'Église se découpe sur des nuages sombres, transpercés par la clarté de la lune qui vient se réfléchir sur un cours d'eau au premier plan. Tableau d'un effet dramatique.

Signé à droite et daté de 74.

Toile. Haut., 30 cent.; larg., 55 cent.

1380

11 — *Les Dunes à Deauville.*

Du bord des dunes verdoyantes, la vue s'étend au loin sur la mer à droite ; à gauche, des habitations au pied d'une colline, le ciel gris avec nuages très fins tamisant la lumière.

Signé à gauche, daté de 91.

Haut., 36 cent.; larg., 58 cent.

12 — *Souvenir du Faon. (Intérieur Breton.)*

Dans une chambre éclairée par une fenêtre; à gauche, deux jeunes Bretonnes et deux enfants, l'une debout près d'un lit tricotte des bas, l'autre assise sur un coffre porte un enfant sur ses genoux qui sourit à une petite fille, vue de dos.

Signé à droite et daté 1865.

Toile, Haut., 41 cent.; larg., 55 cent.

13 — *Vaches au bord de la rivière.*

Dans une prairie, à droite d'une rivière, plusieurs vaches au pâturage, deux debout et une troisième couchée, occupent le premier plan; plus loin, d'autres bestiaux dans la prairie et au bord de la rivière. L'horizon borné par une verte colline, le ciel nuageux tamise la lumière du soleil.

Signé à droite et daté 70.

Toile. Haut., 34 cent.; larg., 54 cent.

14 — *Environ de Caudebec en Caux.*

Un village, dominé par le clocher de son église et à demi caché dans la verdure, est situé au delà d'une prairie contournée par une petite rivière coulant au premier plan. Le ciel est chargé de nuages pommelés.

Signé à droite.

Haut., 41 cent.; larg., 55 cent.

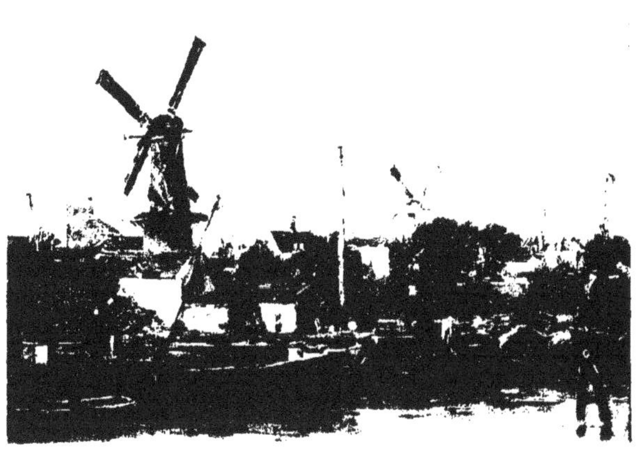

5

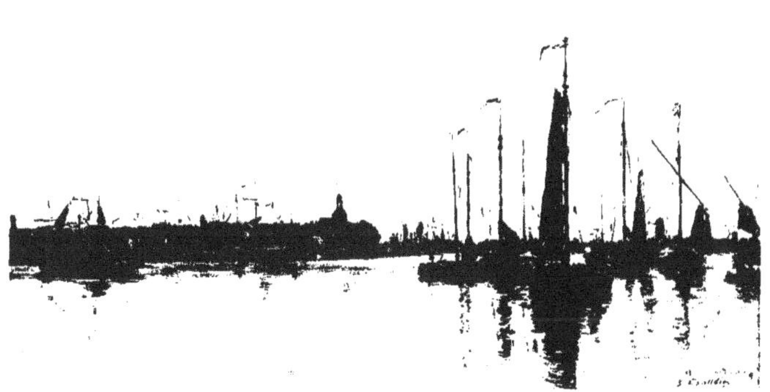

6

Phototypie bertrand

1250 — 15 — *La Route de Villers-sur-Mer.*

Les premières maisons du village apparaissent sur la route partant de la droite et occupée par plusieurs voitures et piétons. A gauche, des terrains sablonneux et les hauteurs de la colline. Ciel lumineux avec légères vapeurs dorées.

Signé à gauche.

Haut., 37 cent.; larg., 58 cent.

840 — 16 — *La Route de Villers-sur-Mer; Champ de coquelicots.*

La route s'éloigne du premier plan, bordée à gauche par des champs de verdure et de coquelicots parsemés de pommiers, et à droite par un monticule s'applanissant vers un tournant où se voit une paysanne.

Beau ciel gris chargé de nuages.

Signé à gauche.

Haut., 36 cent.; larg., 57 cent.

2280 17 — *Canal à Dunkerque.*

Des péniches sont amarrées dans le canal, traversé par un pont de bois à gauche; au delà, les maisons de la ville dominées par la cathédrale

Signé à gauche et daté 89.

Toile. Haut., 32 cent.; larg., 46 cent.

1480 18 — *Laveuses au bord d'une rivière.*

Signé à droite et daté 96.

Bois. Haut., 24 cent.; larg., 32 cent.

19 — *Troupeau de bœufs au bord de la rivière.*

Une dizaine de bœufs dans un pré. deux vont
boire à la rivière.

Signé à gauche.

Tolle. Haut., 32 cent.; larg., 46 cent.

20 — *Vaches au pré.*

Plusieurs vaches dont quelques-unes couchées
sont au repos dans un herbage ensoleillé ; au loin,
à droite, une colline.

Toile. Haut., 32 cent.: larg., 46 cent.

21 — *Villefranche.*

La vue est prise du fond de la rade, au pied du
fort. Des pêcheurs réparent leurs filets au premier plan ; au loin, une chaloupe et un navire de
guerre.

Signé à droite et daté 94.

Haut., 40 cent.; larg.. 54 cent.

22 — *Environs d'Étaples (Pas-de-Calais).*

Le paysage est traversé dans sa largeur par la
Canche ; des barques sont amarrées au premier
plan, à gauche : fond de collines verdoyantes.

Signé à droite.

Haut., 37 cent.; larg., 58 cent.

23 — *Canal de Saint-Valéry.*

Le canal s'étend au loin bordé de grands arbres.
Dans un bassin, en deçà d'une écluse, deux péni-

ches ; à gauche, les maisons d'un village. Le ciel
est chargé de nuages.

Signé à droite et daté 90.

Bois. Haut., 33 cent.; larg., 41 cent.

24 — *Sur la plage, à Trouville.*

Nombreux promeneurs et enfants groupés sur
la plage.

Signé à droite et daté 74.

Bois. Haut., 18 cent.; larg., 32 cent.

25 — *Sur la plage, à Trouville.*

Signé à droite et daté 79.

Bois. Haut., 16 cent.; larg., 35 cent.

26 — *Marée haute; départ des barques.*

Signé à droite et daté 85.

Bois. Haut., 27 cent.; larg., 21 cent.

27 — *Marée basse; soleil couchant.*

Signé à droite et daté 85.

Bois. Haut., 27 cent.; larg., 21 cent.

28 — *Rue à Deauville.*

Signé à droite.

Bois. Haut., 26 cent.; larg., 35 cent.

29 — *Pâturage au bord d'une rivière.*

Sur la gauche d'une rivière, des bestiaux pais-
sent dans la prairie. Deux sont vus de profil et se

détachent du groupe ; un troisième est couché.
Le fond du ciel gris annonce l'approche de l'orage.

Signé à gauche.

Toile. Haut., 37 cent.; larg., 46 cent.

30 — *La Traite des vaches sur la falaise.*

Signé à gauche.

Carton. Haut., 16 cent.; larg., 24 cen:

31 — *Pécheurs à marée basse.*

Signé à gauche et daté 1884.

Toile. Haut., 41 cent.; larg., 55 cent.

AQUARELLES

---

32 — *Plage de Scheveninque.*

Marée haute ; aquarelle.

Signée et datée de 76.

Haut., 19 cent.; larg., 26 cent.

33 — *Sur la plage de Trouville.*

Aquarelle.

Signée à gauche et datée de 65.

Haut., 18 cent.; larg., 26 cent.

34 — *Sur la plage de Trouville.*

Aquarelle.

Datée de 67.

Haut., 15 cent.; larg., 25 cent.

35 — *Sur la plage de Trouville.*

Aquarelle.

Signée à droite, datée de 65.

Haut., 15 cent.; larg., 27 cent.

36 — *Sur la plage de Trouville.*

Aquarelle.

Signée et datée de 67.

Haut., 14 cent.; larg., 25 cent.

37 — *Bretons et Bretonnes à Plougastel.*

Deux aquarelles dans le même cadre.

Haut., 11 cent.; larg., 17 cent.

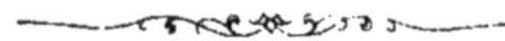

ŒUVRES PAR DIVERS ARTISTES

CERAMANO

38 — *Moutons.*

Toile. Haut., 33 cent.; larg., 54 cent.

FOUACE

39 — *La Bouteille de Sauterne.*

Toile. Haut., 46 cent.; larg. 34 cent.

LEPINE

40 — *Bords de l'Oise.*

Toile. Haut., 23 cent.; larg., 37 cent.

NORMAND SAINT-MARCEL

41 — *Cheval gris pommelé à l'écurie.*

Toile. Haut., 60 cent.; larg., 72 cent.

ROZIER (A.)

42 — *Venise, l'Église Sainte-Marie-Majeure.*

Bois. Haut., 35 cent.; larg., 59 cent.

SAINTIN

43 — La Rue du Caire à l'Exposition de 1889.

Bois. Haut., 39 cent.; larg., 45 cent.

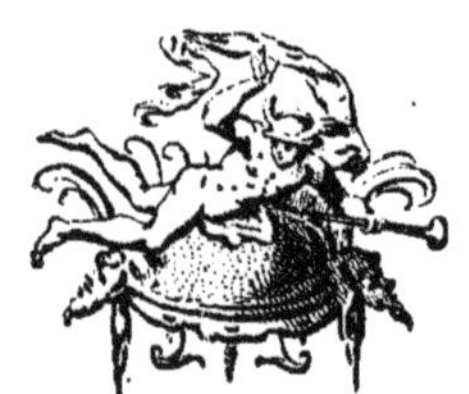